莊子

淺說

莊子淺說

陳鼓應◎著

商務印書館

莊子淺說

作　　者：陳鼓應
責任編輯：蔡耀明
封面設計：一立設計
出　　版：商務印書館（香港）有限公司
香港筲箕灣耀興道 3 號東滙廣場 8 樓
http://www.commercialpress.com.hk
發　　行：香港聯合書刊物流有限公司
香港新界大埔汀麗路 36 號中華商務印刷大廈 3 字樓
印　　刷：陽光印刷製本廠有限公司
香港柴灣安業街 3 號新藝工業大廈（6 字）樓 G 及 H 座
版　　次：2009 年 7 月第 1 版

ISBN 978 962 07 1870 0
Printed in Hong Kong

通識就是融會貫通。方法呢？

學習，從來都追求通，所謂君子不器，所謂左右逢源，是通的結果。

要講通識，先要有相當的知識；觸類旁通，卻又不是有了相當知識後必然達到的。

追求識，進一步追求通，要講方法，要重視水平。

在普及教育的社會裏培養通才，要借助閱讀。閱讀沒有課時限制，出了課室，脱離學校，仍然可以終身閱讀；閱讀不會師資不足，中外古今，盡有能識能通之士做老師。因此我們提倡"通識閱讀"。通識應該始於學校，而不止於學校，最終並要超越學校，延續為終身學習的運動。透過以通識為目標的閱讀，培養適應能力、獨立思考能力，實現終身學習的目標。

通識，不等於全識。人的生命有限，資訊還在拼命爆炸。《通識閱讀》叢書，就是要為讀者精挑細選，提供切合需求的優質讀物。通識關心的知識，應該關乎現代人追求的價值觀，並與現代人的未來生活有關。所以我們着眼於三種方向：

值得現代人繼續咀嚼的傳統智慧

現代社會公民應有的觀念

現代人應有的科學眼光

這三種方向也可配合世界教育改革的需要。在香港可對應中學通識科三個學習範疇（自我與個人成長、社會與文化，以及科學、科技與環境），也正好實現了我們“通識可始於學校，而不止於學校”的理念。

世界不斷變化，知識不斷增加，為了達成終身學習的目標，我們將不斷尋找全世界與這方向相合、篇幅適中的好書，邀請各界名家、學者協助選書、撰稿、審稿，以使《通識閱讀》叢書切合現代人的需求，合於精品的要求，以協助讀者邁往通才之路。

商務印書館（香港）有限公司
編輯部

目 錄

生活篇

生死篇

思想篇

終結篇

前言　莊子的影像

在一個混亂的社會裏，莊子為人們設計了自處之道。在他所建構的價值世界中，沒有任何的牽累，可以悠然自處，怡然自適。

從歷史中我們可以看到，太平盛世時，儒學思想往往抬頭，因為儒家確實提供了一套適於當時人際關係的倫理基礎。於是，治者們也樂於將整個社會結構納入倫理關係中，以維繫社會秩序，使其井然不紊。然而，歷代畢竟亂多於治，每當政情動盪，社會大亂時，儒學思想便失去效用，而道家思想則應時而興。因為道家並不抱持着冠冕堂皇的道德原則，而能深入人性，切中時弊，徹察動亂的根由；它正視人類不幸的際遇，又能體味人心不安的感受，對於飽經創傷的心靈，尤能給予莫大的慰藉。因而，中國歷代的變動紛擾，對於儒家而言是一種沉重的負擔，結果每每由道家承擔起來。而道家集大成的人物，便是莊子。

今天，我們置身於史無前例的繁複而混亂的社會形態中。莊子思想對於我們，或許更有一種特殊的感受與意義！

請想想我們今日所生活的世界：現代高度機械化的結果，早已使得優遊的生活成為過去。每個人只是急躁而盲目地旋轉於“高速”的漩渦中，像是被惡魔趕着，匆匆忙忙地隨波逐流。都市文明的生活，使人已不再和泥土或自然有任何接觸，田園生活那種優美而富情調的方式亦已被毀壞。集體主義的猖獗，使人民奮勵的情緒被官僚化的教條壓抑淨盡，生動的精神被僵化的形式扼殺殆盡……這種種感受，使你接觸莊子時，更能增加你對他的體味。

只要開始接觸莊子，你便會不自主地神往於他所開闢的思想園地。在那裏，沒有“攖人之心”的成規，沒有疲憊的奔波，也沒有可怖的空虛，更沒有壓迫的痛苦。

凡是糾纏於現代人心中那些引起不安情緒

的因素，全都在莊子的價值系統中煙消雲散。他揚棄世俗的拖累，強調生活的樸質，蔑視人身的偶像，誇示個性的張揚，否定神鬼的權威……。總之，接近他時便會感到釋然，在他所開創的世界中，心情永遠是那麼無掛無慮，自由自在。

生活篇

一、貧窮的生活

提起莊子，多少給人一種神奇的感覺。他的家世淵源不可知，師承源流不清楚，生死年月也史無明文。在當時，沒有人為他做傳，也沒有自述之文，因而他的身世始終是個謎。

幸好，在《莊子》書內，他的學生偶而散漫地記載着他的一些行誼事蹟，憑着這一鱗半爪的資料，也可在後人心中留下一個特殊的影像。

莊子生活貧窮，在《莊子》書中也有記述，例如一篇關於他向人告債的故事：

莊周家裏貧窮，所以去向監河侯借米。監河侯說："好的，等我收到地方上人民的租稅時，我會借三百金

> 給你，行嗎？”
>
> 莊子聽了，心裏很不高興，說：“我昨天來的時候，中途聽得有呼喚我的聲音。我回頭一看，原來在車輪輾過成窪的地方，有一條鯽魚。我便問牠說：‘喂，鯽魚！你在這裏幹啥呢？’鯽魚回答說：‘我是東海的水族。你有少許的水救活我嗎？’我說：‘好的，等我到南方遊說吳越的國王，激引西江的水來迎接你。可以嗎？’鯽魚聽了，心裏很不高興，沉着臉說：‘我因為離了水，失去了安身之處。我只要少許的水就可以得救。你說這般話，不如早一點到乾魚市上去找我吧！’”　（《外物》，下引只註篇名，不註書名）

這故事雖是以寓言的方式表述，但他的家貧，確是實情，另外一段記載也可看出他那窮困的樣子：

> 莊子身上穿了一件補過破洞的粗布衣服，腳下踏着一雙用麻繩綁着的破布鞋去見魏王。魏王說：“先生，你怎麼這樣疲

困啊？”

莊子回答說：“這是貧窮，並不是疲困。……”　（《山木》）

事實上莊子是既貧窮又疲困，在那“昏君亂相”的時代，只有小人才能得志。讓我們再看一個例子：

宋國有個叫曹商的人，宋王派他出使秦國。他去的時候，只得到宋王給他的幾輛車子，到了秦國，秦王很高興，賞給他百輛車子。他回宋國，見了莊子便說：

“住在破巷子裏，窮得織草鞋，餓得頸子枯槁，面孔黃瘦，在這方面，我可趕不上你；至於一旦見了大國的國君，就得到上百輛的車子，這就是我的長處了。”

莊子回說：“我聽說秦王得了痔瘡，找醫生給他治。誰能把痔瘡弄破，就可得到一輛車子，誰能舐他的痔瘡，就可得到五輛車子。治病治得越下流，所得的車子就越多。你是不是給秦王治過痔瘡？怎麼搞到這麼多的車子呢？還是走你的吧！”　　（《列禦寇》）

莊子後學所記的這些事例，如果是真的話，在對話中倒透露了一些莊子的生活實況：他“住在破巷子裏”，餓得面黃肌瘦，這和“在陋巷”“簞食瓢飲”的顏回，豈不成了難兄難弟嗎？營養不足的顏回，可憐不到三十歲就夭折了；莊子倒真命長，一口氣活到七、八十歲，從文章的氣勢上看來，還好像精神抖擻的樣子！

如果莊子真是只靠着“織草鞋”來維持生計，那和荷蘭大哲斯賓諾薩（Spinoza）的磨鏡過活，實有其共同的意義，他們都把物質生活的需求降到最低的程度，而致力於提升精神生活。

二、異鵲的故事

在生活態度上，莊子是順其自然的。他認為如果一心一意去計算人家，必然會導致物物相殘的後果。莊子這種想法，見於一個有趣的寓言上：

莊周到雕陵的栗園裏遊玩，走近籬笆，忽然看見一隻怪異的鵲從南方飛來，翅膀有七尺寬，眼睛直徑有一寸長，碰着莊周的額角飛過去，停在栗樹林中。莊子說："這是甚麼鳥呀！翅膀大而不能遠飛，眼睛大而目光遲鈍。"於是提起衣裳，快步走過去，拿着彈弓窺伺牠的動靜。這時，忽見一隻蟬兒，正得着美葉蔭蔽，而忘了自身；就在這剎那，有隻螳螂藉着樹葉掩蔽着，伸出臂來一舉而搏住蟬兒，螳螂意在捕蟬，見有所得而顯露自己的形跡；恰巧這隻怪鵲乘牠捕蟬的時候，攫食螳螂，怪鵲見利而不覺自己性命的危險。莊周見了不覺心驚，警惕着說：“唉！物與物互相累害，這是由於兩類之間互相招引貪圖所致！”想到這裏趕緊扔下彈弓，回頭就跑。恰在此時，看守果園的人以為他偷栗子，便追逐着痛罵他。（《山木》）

所謂“螳螂捕蟬，黃雀在後”，這個有名的典故就是從這寓言出來的。由這寓言引申出一個結論：成心謀算他物，就會招引別物來謀害自己。

因而，唯有泯除心計，乃能免於捲入物物競逐的循環鬥爭中。

然而世人卻往往一味追求慾念而迷忘本性，這就是莊子所謂：“觀於濁水而迷於清淵”。惟慾念是無窮的，而滿足總是有限，這樣必然會導致悲慘的後果。但這觀點，現代人是無法接受的，因為現代人往往沉緬物慾，一去而不知返。

三、終生不仕

有人說："哲學家的生活是一種藝術性的遊戲，不是塵世的情慾生活。"(Josiah Royce：《近代哲學的精神》) 誠然，莊子的生活確是充滿了藝術性的遊戲意味。他不沉緬於塵世的情慾生活，又無覺於外在世界的紛擾，無視於大千世界的誘惑。據記載，他也曾有過顯達的好機會，但卻斷然拒絕了。

莊子在濮水邊釣魚，楚威王派了兩位大夫先去表達他的心意："我希望將國內的政事委託先生！"

莊子持着魚竿頭也不回，遂說："我聽說楚國有隻神龜，已經死了三千年了，國王把牠盛在竹盒裏，用布巾包着，藏在廟堂之上。請問：這隻龜，寧可死了留下一把骨頭受人尊貴呢？還是願意活着拖着尾巴在泥巴裏爬？”

兩位大夫回答說：“寧願活着拖着尾巴在泥巴裏爬。”

莊子說：“那麼，請便吧！我還是希望拖着尾巴在泥巴裏爬。”　　（《秋水》）

在另一篇內也記着類似的事情：

有人延聘莊子。莊子回答使者說：“你沒看見那祭祀宗廟的肥牛嗎？披上繡花的單子，吃着豐盛的食物，等到一朝牽入大廟裏去，雖然想做一隻孤單的小牛，能辦得到嗎？”　　（《列禦寇》）

司馬遷的《史記》亦有記載上述故事：

楚威王聽說莊子很有才幹，派了兩位使者，帶着貴重的禮物，聘請他做楚國的宰相。莊子哂笑地對楚國使者說：“千兩黃金確是很重的聘禮，宰相也確是尊貴的職位。可是你們沒有看見過祭祀天地時供神用的肥牛嗎？養了好幾年，養肥之後宰了，給牠披上文彩的錦繡，抬到大廟裏去，在這時候，即使牠想做一頭孤單的小豬子，辦得到嗎？你們趕快走開，不要玷污了我！我寧願在泥巴裏遊戲，終身不做官，只圖個逍遙自在”。　　(《史記·老莊申韓列傳》)

莊子堅定地拋開了沽名釣譽的機會，這類逸事，經過正史的記錄，更增加了不少的光彩。他對於高官軒冕確實有一種潔癖，倒不是故意造作的。

四、契友惠施

莊子這般曠達的心境，視富貴榮華有如敝屣。其高超之生活情趣，自然超離人羣與社羣。無怪乎在他眼中，“以天下為沉濁，不可與莊語。”(《天下》)既然這樣，就只好“獨與天地精神往來”了。像莊子這樣絕頂聰明的人，要想找到一、二個知己，確是不容易。平常能夠談得來的朋友，除了惠子之外，恐怕不會再有其他的人了。他們都好辯論，辯才犀利無比；他們亦很博學，對於探討知識有濃厚的熱誠。

惠子常常喜歡倚在樹底下高談闊論，疲倦的時候，就據琴而臥(“倚樹而吟，據槁梧而瞑”)，這種態度莊子是看不慣的，但他也常被惠子拉去梧桐樹下談談學問(“惠子之據梧也……”)，或往田野上散步。一個歷史上最有名的辯論，便是在他們散步時引起的：

莊子和惠子在濠水的橋上遊玩。

莊子說："小白魚悠閒地游出來，這是魚的快樂啊！"

惠子問："你不是魚，怎麼知道魚是快樂的？"

莊子回說："你不是我，怎麼知道我不曉得魚的快樂。"

惠子辯說："我不是你，固然不知道你；準此而推，你既然不是魚，那麼，你不知道魚的快樂，是很明顯的了。"

莊子回說："請把話題從頭說起吧！你說：'你怎麼知道魚是快樂的'云云，就是你知道了我的意思而問我，那麼我在濠水的橋上也就能知道魚的快樂了。"　　(《秋水》)

莊子對於外界的認識，常帶着觀賞的態度。他往往將主觀的情意發揮到外物上，而產生移情同感的作用。惠子則不同，他只站在分析的立場，來分析事理意義下的實在性。因此，他很自然地懷疑到莊子的所謂“真”。

莊子與惠子的辯論，如果從“認知活動”方面來看，兩人的論說從未碰頭；如果從觀賞一件事物的美、悅、情這方面來看，則兩人所說的也不相干。而只在不同的立場與境界上，一個有所斷言（“知道魚是快樂的”），一個有所懷疑（“你既然不是魚，那麼你不知道魚的快樂，是很顯然的”！）他們在認知的態度上，便有顯著的不同；莊子偏於美學上的觀賞，惠子着重知識論的判斷。這不同的認知態度，是由於他們性格上的相異；莊子具有藝術家的風貌，惠子則帶有邏輯家的個性。

莊子與惠子，由於性格的差異導致了不同的基本立場，進而導致兩種對立的思路——一個超然物外，但又返回事物本身來觀賞其美；一為走向獨我論，即每個人無論如何不會知道第三者的心靈狀態。

莊子與惠子由於基本觀點的差異，於是討論問題時，便經常互相抬槓，而挨棒子的，好像總是惠子。在《逍遙遊》上，莊子笑惠子“拙於用大”；在《齊物論》上，批評他說：“並不是別人非明白不可的，而要強加於人，所以惠子就終身偏蔽於‘堅白論’”（“非所以明而明之，故以堅白之昧終”）；《德充符》上也說惠子：“你勞費精力……自鳴得意於堅白之論”。這些批評，莊子都是站在自己的哲學觀點上，而他最大的用意，則在於藉惠子來抒發己意。

另外在《秋水》記着：惠子在梁國做宰相時，莊子去看他，謠言説莊子是來代替惠子的相位。惠子心裏着慌，便派人在國內搜索了莊子三天三夜。後來莊子去見惠子，對他講了一個寓言，把他的相位比喻貓頭鷹得着臭老鼠而自以為美。這故事恐怕是他的學生假託的，不過莊子與惠子，在現實生活上確實有很大的距離；惠子處於統治階層，免不了會染上官僚的氣息，這對於“不為軒冕肆志，不為窮約趨俗”的莊子，當然是很鄙視的。據説惠子路過孟諸，身後從車百乘，聲勢暄赫，莊子見了，連自己所釣到的魚也嫌多而拋回水裏去。（《淮南·齊俗訓》）

他們兩人，在現實生活上固然有距離，在學術觀念上也相對立，但在情誼上，惠子確是莊子生平唯一的契友。這從惠子死後，莊子的一節紀念詞上可以看出：

莊子送葬，經過惠子的墳墓，回頭對跟隨他的人說：“楚國郢人捏白堊士，鼻尖上濺到一滴如蠅翼般大的污泥，他請匠石替他削掉。匠石揮動斧頭，呼呼作響，隨手劈下去，把那小滴的泥點完全削除，而鼻子沒有受到絲毫損傷，郢人站着面不改色。宋元君聽說這件事，把匠石找來說：‘替我試試看。’匠石說：‘我以前能削，但是我的對手早已經死了！’自從先生去世，我沒有對手了，我沒有談論的對象了！”　（《徐無鬼》）

惠子死後，莊子再也找不到可以對談的人了。在這短短的寓言中，流露出純厚真摯之情。能設出這個妙趣的寓言，來譬喻他和死者的友誼，如此神來之筆，非莊子莫能為之。

五、鼓盆而歌

獨來獨往的莊子，仍然逃不掉家室之累。不過話又說回來，家室他是有的，但是否成為他的“累”，則不得而知。關於他家室的情形，我們無從知曉。書本上只記載了他妻子死的時候，惠子去弔喪，看到莊子正蹲着“鼓盆而歌”，惠子便責難他說：“相住一起這麼久了，她為你生兒育女，現在老而身死，不哭也罷了，還要敲着盆子唱歌。這豈不太過分了嗎？”莊子卻有他的道理：

“當她剛死的時候，我怎能沒有感慨呢！可是我經過仔細省察以後，便明白她本來是沒有生命的；

不僅沒有生命，而且還沒有形體；不僅沒有形體，而且還沒有氣息。在若有若無之間，變而成氣，氣變而成形，形變而成生命，現在又變而為死。這樣生來死往的變化，就好像春夏秋冬四季的運行一樣，全是順着自然之理。人家靜靜地安息於天地之間，而我還在哭哭啼啼，我以為這樣對於性命的道理是太不通達了，所以不去哭她。”　　(《至樂》)

莊子認為人的生命是由於氣之聚；人的死亡是由於氣之散，他這番道理，姑且不論其真實程度。就以他對生死的態度來說，便遠在常人之上。他摔脫了鬼神對於人類生死命運的擺佈，只把生死視為一種自然的現象；認為生死的過程不過是像四時的運行一樣。

莊子不相信死後的世界，也反對厚葬。有一段逸話：

莊子快要死的時候，學生想厚葬他。

莊子卻說：

“我以天地為棺槨，以日月為連璧，以

星辰為珠璣，以萬物為齎送。我的葬禮還不夠嗎？何必要那些！”

學生説：“我怕烏鴉吃你呀！”

莊子説：“露天讓烏鴉吃，土埋讓螞蟻咬，要從烏鴉嘴裏搶來送給螞蟻，豈非太不公平了嗎？” （《列禦寇》）

對於死生的態度，莊子能這般曠達灑脱，乃是出於自然的流露。在他想來，死生不過是一場夢罷了！

生死篇

一、蝴蝶夢

《齊物論》的結尾，有一個流傳久遠的故事，便是莊周的蝴蝶夢：

> 昔者莊周夢為蝴蝶，栩栩然蝴蝶也，自喻適志與！不知周也。俄然覺，則蘧蘧然周也。不知周之夢為蝴蝶與，蝴蝶之夢為周與？周與蝴蝶，則必有分矣。此之謂物化。

莊子藉蝴蝶的夢覺，以引發其思想。從這短短的寓言中，可導出四個重要的意涵：

一、莊周蝶化的含意；

二、蝴蝶本身所代表的意義；

三、人生如夢的說法；

四、物化的觀念。

一、莊周的蝶化，乃象徵着人與外物的契合交感。

人與外界是否能融和交感？其間是否有必然的關係存在着？這是哲學上的一個老問題。如以認知的態度來研究，這在認識論上，西洋歷代有不少哲學家都持着相反的見解。然而，這一見解如果掉到不可知論的範疇時，人與外界的割離便無法克服。

這問題到了莊子手上，便轉了方向，他不從認知的立場去追問，卻以美感的態度去觀賞。在觀賞時，發出深遠的同情，將自我的情意投射進去，以與外物相互會通交感，而入於凝神的境界之中，物我的界限便會消解而融和，然後渾然成一體。這全是以美學的感受來體會，決不能以科學的分析來理解。

莊子透過"美感的經驗"，藉蝶化的寓說來破除自我執迷，泯除物我的割離，使人與外在自然世界，融為一大和諧的存在體。

二、莊子將自我、個人變形而為蝴蝶，以喻人性的天真爛漫，無拘無束。

反觀現代人，飽受重重的約束。這種情形，在現代文學家卡夫卡（F.Kafka）的寓言《變形記》中表露無遺。這寓言是說：有一天，格里戈從夢中醒來，突然發現自己變為一隻大甲蟲，躺在牀上。格里戈是個旅行推銷員，他每天要在清晨四時起牀，趕搭五時的火車，到公司去聽命往各處推銷棉布。上司的面孔和呆板的工作使他非常厭惡這份差事，但是為了替父親償還債務，不得不忍受下去。這天，格里戈在惡夢中醒來，發現自己已不是原來的人形，竟變成一隻碩大的甲蟲。他想爬出臥室去趕早班車，但卻感到自己行動吃力、言詞含糊……。

這寓言之所以受人重視，因為它隱含的意義很多：卡夫卡以格里戈的遭遇，代表了現代人所承受的時間壓縮感、空間囚禁感、與外界的疏離感、以及現實生活的逼迫感……。

如果我們把眼光逼視着現在，我們立刻就會感到現代人發明了龐大的機械，又使自己成為機械的奴隸，這種作繭自縛的情況，正如卡夫卡在《洞穴》中所描述的："個人顯然變成某種動物，在洞穴中，掘建一個出口又一個出口，以保護自己；但卻永遠不能走出洞穴"。這是現代人最深沉的悲哀。從這裏，我們可以更深一層地體會莊子蝴蝶所象徵的意義。

莊子和卡夫卡一樣，也將人轉化而為動物（蝴蝶），但是他卻藉蝴蝶來比喻人類"自適其志"：蝴蝶翩翩飛舞，翱翔各處，不受空間的限制；牠優遊自在，不受時間的催促；飄然而飛，沒有陳規的制約，也無誡律的重壓。同時，蝶兒逍遙自適於陽光、空氣、花朵、果園之中——這象徵着人生如蝶兒般活躍於一個美妙的世界中；並且，在和暖的陽光、新鮮的空氣、美麗的花朵以及芳芬的果園之間，可任意地自我吸取，自我選擇——這意味着人類意志的自由可羨。

三、"人生如夢"這句説舊了的話，卻創始於莊子。可是時至今日，這句話的含意，已經和莊子的原義完全變了質。

我們每個人都覺得：人生實在是短暫而飄忽，多少歡樂事，到頭來終成泡影。這時；我們總習慣於用"夢"來抒發自己內心的感觸。所以當我們説人生如夢時，不免充滿悲涼之意。但在莊子心中，卻絲毫沒有這種感覺。莊子以藝術的心態，將人類的存在及其存在的境域，予以無限的美化。因此，宇宙如一個大花園，人生就在這片美景中盡情享受——如蝶兒飛舞於花叢間。因此，在莊子心中所浮現的，便是個美夢。

蝶兒栩栩然飛舞於花叢間，亦象徵着人性的天真爛漫，這和西洋宗教視人性為充滿罪孽相迥異。兩相對照，立即顯示出一種為健康活潑的精神，一種為病態沉滯的心理。

四、“物化”是莊子對於死生看法的一個基本觀念。

對於死後的漆黑，無人會不感困惑恐懼。但在莊子看來，死生完全是一種相對的幻滅現象。看通了，也沒有甚麼可怖，只不過是你從大地上來，又回到泥土裏去而已。人的初始，本來就是沒有形體的；而形體的形成，以至於復歸消解，這個變化過程實在是不足悲的。死後能化為蝴蝶，像物化後的莊子那樣，栩栩然而飛，該是多麼快樂！快樂得忘了形時，還不知道自己是莊子呢！

可見莊子是藉“物化”的觀念，將死生的對立融於和諧之中。

二、生死如來去

我們究竟從何而來，往何而去？這是個永遠解不開的謎，它的神秘使人如置身黑幕之中。

有生必有死，死是人生的終結，人生便是趨向這個終結的一個歷程。在生命的歷程中，死的因子無時無刻不隱伏在人的自身上，當它一旦浮現時，人的生命便告終止，而他和外在世界以及其他人類的一切關係也從此被切斷。

人雖然常常談到死，恐懼死亡，但這只是對於"別人的死"的感覺，自己卻從未經歷過；一個活人，永遠沒有與人同死的經驗。死是個人的事，不能由任何人來取代，每個人都必須面對它，亦沒有其他人可以救助你，如德國哲學家海德格所說：這時候你便陷入完全孤立無援的境界。因此，當一個人眼看自己的存在趨向終點時，恐懼之情是可想而知的。

面對死亡的畏懼，莊子培養着一種灑脫的心境來化除它。

首先，我們應明白死亡之所以值得恐懼，最大的原因莫過於對死後痛苦的憂慮。然而死後的情形究竟怎樣呢？是一種變遷抑或消失？若是一種變遷，則如神學家所言，靈魂將由此世引渡到彼岸；若是消失，則死亡便為無意識之事。照蘇格拉底看來，如果死後化歸烏有，則死亡是件幸福的事，因為它表示結束痛苦；如果死後仍有來生，則死亡仍屬幸福之事，因為他可不受被放逐或臨刑的騷擾。具有遁世思想的蘇格拉底顯然承認後者的主張，在柏拉圖的對話錄《斐多》(Phaedo) 中，他更是賣力地辯稱靈魂會再生；相反地，伊壁鳩魯派則努力破除靈魂不朽之説，他們認為掃除一切不朽的思想，便可消除對於死亡的恐懼感。我們應對自己説：死亡是微不足道的；不管我們活着或死去，對我們都沒有影響：如果活着，我們無須恐懼死，因為生命仍為我們所珍有；如果死去，我們也無須恐懼，因為恐懼乃是活人意識的表現。所以只要我們存在，死亡便不存在，故而我們和死亡永不碰頭。

莊子的觀點，和他們稍有出入。他不像蘇格拉底那樣，為了彌補自己在現實世界所受的災難，於是幻想一個來生世界以作阿Q式的滿足；他較接近伊壁鳩魯派的看法，認為死亡是不足為懼的。但伊壁鳩魯派以為死亡只像“無夢的睡眠”，莊子則把它當作“夢中的睡眠”。人生如在夢中，則似乎承認死後仍有意識活動，如莊周蝶化後的“栩栩然而飛”。若說死後確有意識活動，這一點只能視為文學家的想像，而無法使人公認。不過莊子也僅止於文學家的想像，並沒有作宗教家的幻想——虛構一個天國來欺騙自己，迷惑愚眾。況且莊子死後蝶化的寓說，最大的用意乃在於化除人們對死亡痛苦的憂慮，藉變了形的蝴蝶來美化死亡之事。

在莊子的意識中，死亡不過是“翛然而往，翛然而來而已。”(《大宗師》) 所以我們要以曠達的心胸來迎接它。這一觀點，莊子藉秦失弔唁老聃之喪的故事，更生動地表明出來：

老聃死了，秦失去弔喪，號了三聲就

出來了。

學生便問：“他不是你的朋友嗎？”

秦失說：“是的。”

學生又問：“那末，這樣子弔唁可以嗎？”

秦失說：“可以的。原先我以為他是至人，現在才知道並不是。剛才我進去弔唁的時候，看見有老年人在哭他如同哭自己的兒子一樣，有少年人哭他如同哭自己的母親一樣。由此看來，老少都哭他哭得這樣悲傷，一定是生時和他情感很深厚，而心中有不能自已者，所以不必說而說了，不必哭而哭了。這種作風是逃避自然，違背實情，忘掉了我們所賦有生命的長短。古時候稱哭為逃避自然的刑法。正該來時，老聃應時而生，正該去時，老聃順理而死（隨自然的變化而消失生命）。安時而處順，哀樂的情緒便不能入於心中了。古時候，把

這叫做解除倒懸之苦。”　（《養生主》）

世俗的人羣，莫不生活在倒懸的狀態下，最大枷鎖是人類自身被死生的念頭——死之恐懼與生之情慾——所困住。人們如果能夠視生死好比來去——飄然而來，翩然而去。乍去乍來，“安時而處順”，把生死置於度外，不受俗情所牽累，便像“懸解”：解除了倒懸一樣。達到這種心境的人，視死生如一。對生不必喜，也不必厭；對死不必懼，也不必樂。人生於天地間，勞逸死生都是極其自然的事，所以應坦然處之。如莊子說：

> 大地給我形體，用生使我勤勞，用老使我清閒，用死使我安息。所以善於掌握我的生，也就善於安置我的死。　（《大宗師》）

莊子說：“善吾生者，乃所以善吾死也”：過着健全的一生，乃是享受圓滿的死亡；肯定生，乃所以肯定死；死的價值，有賴於生來肯定，死的意義，有賴於生來賦與。你若有能力來掌握你的生，你也就有權力來埋葬你的死。如此，肯定“生”，實屬首要之事。

由此可知莊子的生死觀念決不是消極的，更不是出世的。在他《逍遙遊》內鯤鵬的寓言中，也可看出他對入世的情懷。

思想篇

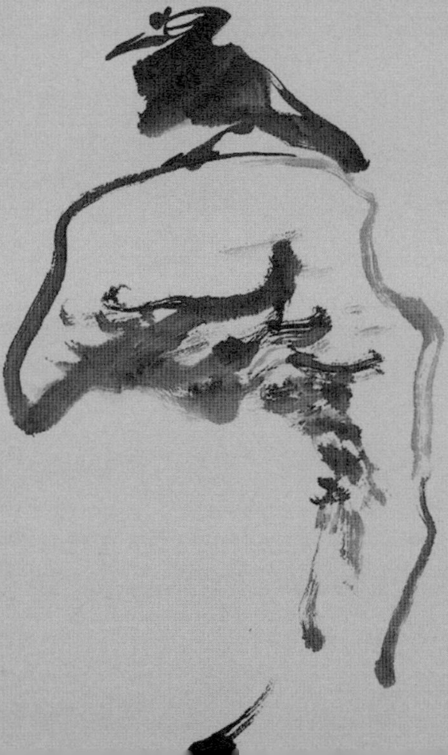

一、鯤鵬和小麻雀

翻開《莊子》，首篇便是《逍遙遊》的鯤鵬寓説：

北冥有魚，其名為鯤。鯤之大，不知其幾千里也。化而為鳥，其名為鵬，鵬之背，不知其幾千里也；怒而飛，其翼若垂天之雲。是鳥也，海運則將徙於南冥。南冥者，天池也。

我們先從字面上説明其中的意義：

這裏的“北冥(海)”、“南冥”、“天池”都不是人跡所能到達的地方，其曠遠非世人的肉眼所能窺見，要以心靈之眼才能領會。這喻示需超越有形的空間與感官認識之限制。

莊子藉變了形的鯤鵬以突破物質世界中種種形相的範限，將牠們從經驗世界中抽離出來，並運用文學的想像力，展開一個廣漠無窮的宇宙。在這新開創的廣大宇宙中，賦予你絕對的自由，可縱橫馳騁於其間，而不加以任何的限制。

蓋俗語所謂“海闊憑魚躍，天空任鳥飛”，雖然是形容魚鳥的自由，但畢竟是相對的、有限度的。因為魚、鳥的行動範圍，不可能越出於海、天之外，也就是說牠們是受制於海、天的。因此莊子所創造的巨鯤大鵬，意在破除有形海空的限制，以拉開此一封閉的空間系統。

鯤“化而為鳥（鵬）”，僅是形狀的變化，而質和量是未變的。這裏的“化”，乃是朝着理想世界趨進的一個過程、一個方向。

“怒而飛”，意指來到人間世，奮力拓展。“怒”含有振作之意。

“海運則將徙於南冥”。海“運”即是海“動”，海動必有大風，大風起兮，鵬乃乘風飛去——這意指時機。即是時機成熟、條件充足才出而應世。

“南冥”的“冥”，亦作“明”解，憨山註：“謂陽明之方，乃人君南面之喻。”這喻示着入世的抱負。這一抱負一經開展，即充滿着樂觀的信念。由這裏可以看出：莊子並非如一般人所説的悲觀消極且懷遁世思想。相反，他滿懷入世的雄心。只是要俟時機——即是應世有其條件，非如孔孟冀賢君之悽悽惶惶。現實世界的環境若和他的想法相距太遠時，他便保留着自己的生活態度，而不願失去自己的原則。

現在，讓我們再討論這寓言的要點。

一、莊子託物寓意，以鯤鵬意示他心中的理想人物——他稱為“至人”。首先要行跡隱匿，自我磨礪。鯤潛伏在海底，猶如讀書人沉伏桌案，埋頭探究，以充實自己，俟內在條件準備充實後，出而應世，如鵬之高舉。這種理想人物一經出現，其功便足以澤及百姓，如鵬之翼覆羣生。

由此可知，莊子心中的理想人物實具有鯤鵬兩者的性格：如鯤一般的深蓄厚養與鵬一般的遠舉高飛。

二、“北冥”、“海運”、“積厚”，意指人才的培育是需要優越的環境與自我準備。

所謂“鯤之大，不知其幾千里也”，照此而推，則北海之大，必然是廣漠無涯而不可以計量。大鯤非北海之廣不足以蓄養，喻意人才亦需優厚的環境培養。所謂小池塘養不了大魚，也正是：“水之積也不厚，則其負大舟也無力”。載負大舟，必須水積深厚，這說明了環境對於培養人才的重要性。

在莊子筆下，大鵬的南飛之後，又出現小鳥的嘲語：

我盡全力而飛，躍到榆樹或檀樹上，有時飛不上去，投落地面來就是了，何必一舉九萬里飛往遙遠的南海呢？

小鳥生長在榆枋，騰躍於其間，洋洋自得，怎能體會大鵬的遠舉之志呢？至人的志趣，世俗淺陋之徒是無法理解的。所以莊子藉此以喻世人之囿於短見。

莊子在蟬與斑鳩笑大鵬的文字後，下了一個斷語：“這兩隻小蟲又知道甚麼呢？”接着他感慨地說出了“小知不及大知……眾人匹之，不亦悲乎？”顯然是說：浮薄之輩不能領會淵深之士，可是他們還不自量力想去比附，豈不是太可悲了嗎？緊接着，小麻雀又譏笑大鵬："我騰躍而上，不過數仞而下，翺翔於蓬蒿之間，此亦飛之至也，而彼且奚適也。"就在這裏，莊子下了結論："這就是小和大的分別啊！"

與《逍遙遊》有異曲同工之意的還有《秋水》。蓋《逍遙遊》的大鵬、小鳥和《秋水》的海若、河伯，實是前後相映，旨趣相若。河伯海若的寓言是這樣的：

> 秋天霖雨綿綿，河水上漲，所有的小川都灌注到黄河裏去，河面驟然闊大，兩岸和水洲之間，連牛馬都分辨不清。於是河神揚揚自得，以為天下的盛美都集中在他身上了。他順着水流往東行走，到了北海，他向東面瞭望，看不見水的邊際。於是河神才轉過臉來，仰望着海神感歎着……

"河伯欣然自喜，以天下之美為盡在己"，這和《逍遙遊》中小麻雀的"翺翔於蓬蒿之間"，自得於一方，同樣表現了自我中心的哲學。這使我們想起許多河伯型的小哲學家，只知拘泥於瑣細，玩納微末而竊竊然自喜，這在莊子眼底裏，不過是一蚊一虻之知罷了！

二、涉世之道

"庖丁解牛"是莊子另一個家喻户曉的寓言。莊子藉解牛喻意養生，寫來形聲俱活。

有一個廚夫替梁惠王宰牛。他舉手投足之間，劈劈叭叭地直響，進刀剖解，牛的骨肉就嘩啦一聲分離了，牛的分裂聲和刀的割切聲莫不合乎音樂的節拍，廚夫的一舉一動也莫不合於桑林樂章的舞步和經首樂章的韻律。

梁惠王看了不禁讚歎着："啊！好極了！技術怎能精巧到這般的地步？"

廚夫放下屠刀回答說："我所愛好的是道，已經超乎技術了。我開始宰牛的時候，滿眼只見渾淪一牛。三年以後，就未嘗看見整條牛了，所見乃是牛骸筋骨的分解處。到了現在，我只用心神來體會而不用眼睛去觀看，耳目器官的作用都停止了，只是運用心神，順着牛身上自然的紋理，劈開筋骨的間隙，導向骨節的空竅，按着牛的自然紋理組織去用刀，連筋骨盤結的地方都沒有一點兒妨礙，何況那顯見的大骨頭呢？好的廚子一年換一把刀，他們是用刀去割筋肉；普通的廚子一個月換一把刀，他們是用刀去砍骨頭。現在我的這把刀已經用了十九年，所解的牛有幾千頭了，可是刀口還像是新磨的一樣鋒利。因為牛骨節是有間隙的，而刀刃是沒有厚度的，以沒有厚度的刀刃切入有間隙的骨節，當然是遊刃恢恢，寬大有餘了，所以這把刀用了十九年還是像新磨的一樣。雖然這樣，可是每遇到筋骨交錯盤結的地方，我知道不容易下手，就小心謹慎，眼神專注，手腳緩慢，刀子微微一動，牛就嘩啦一下子解體了，如同泥土潰散落地一般，牛還不知道自己已經死了呢！這時我提刀站立，張望四方，心滿意足，把刀子揩乾淨收藏起來。”

梁惠王説：“好啊！我聽了廚夫這一番話，得着養生的道理了。” (《養生主》)

文惠君聽了庖丁的一番話，想到“養生”的道理上面去了。事實上庖丁的話，不僅意示着自處之道，也説出了處世之道。這生動的故事隱含着兩個重點：

一、庖丁能順着自然的紋理去解剖筋骨盤結的牛，指出世事、世物的複雜，只要能順乎事物的自然組織去做，乃可迎刃而解。這説明了處世之道：勿強行，毋妄為。

二、庖丁解牛，雖然“遊刃有餘”，但是每次解牛的時候，他總是小心謹慎。解完牛，雖然“躊躇滿志”，但不露鋒芒，隨即把刀揩乾淨收藏起來。這心理上的警覺和行為上的收斂便是自處之道。

“庖丁解牛”的故事見於《養生主》，而它的旨意卻在《人間世》上更具體、更細微地發揮出來。後者的前一半文章，先敍述人世間的混濁難處，而後說出涉世的態度。後半部則多抒發自處之道，和“庖丁解牛”旨意相通。

《人間世》首先說盡了涉世的艱難。其所以艱難，乃因世間的混濁，而混濁當然是由統治階層所造成。

由是，莊子假借孔子和顏回師生兩人的對話，揭露了當時統治者的黑暗面，如：統治者的一意孤行（“輕用其國，而不見其過”）；視民如草芥（“輕用民死，死者以國量乎澤若焦”）和只要賢能的臣子有愛民的表現，就會招忌而卒遭陷害（“修其身以下傴人之民故人君，因其修以擠之”）。

若要和這樣頑強暴虐的統治者相處，或進一步想去諫說他，便很困難了。“他一定會乘人君之勢，抓着你說話的漏洞，辯倒你。這時，你會自失其守，眼目眩惑，面色和緩，口裏只顧得營營自救，於是容貌遷就，內心無主，也就依順他的主張了。這是用火去救火，用水去救水，這就叫做幫兇了。”（《人間世》）那末，面對這樣的情形，有甚麼法子呢？

莊子假託顏回前後提出了三種對應的態度：

一、"端虛勉一"——外貌端肅而內心謙虛，勉力行事而意志專一；

二、"內直外曲"——心裏耿直而外表恭敬；

三、"成而上比"——諫諍時引用古人的成語。可是，莊子又藉孔子的嘴，肯定統治者是積重難返，不可感化的！孔子又提出要"心齋"。"心齋"之道，乃要人做到"虛"——不要對外界的東西耿耿於懷，要能泰然處之。達到這種心境以後，才可進一步談處世之道的要訣：

> 若能入遊其樊，而無感其名，入則鳴，不入則止……絕跡易，無行地難。

莊子認為，在世網之中，要赴之以"遊"的心懷，不被名位所動。而且，和這樣乖謬的統治者相處，態度應該是："能夠接納你的意見就說，不能接納你的意見就不說"。不必逞一時之氣，強使其接納。

他又認為，應世之難，莫過於君。而人間

世上是無往而無君的，不管是直接或間接，總要和統治者接觸，發生關係，這是“無所逃於天地之間”的事。因而莊子反覆地説明涉世相處的艱難，並指出對應之策。在兇殘的權勢結構下，他提出“無用之用”，對統治階級採取不合作的態度。並提醒人們：自處之道，首在謹慎行事。

庖丁解牛雖然晉於神乎其技，可是他每次碰上筋骨交錯的地方，就特別小心謹慎。在《人間世》內，莊子也一再提醒人不要像“志大才疏”的螳螂一樣，自恃本事大，“怒其臂以當車轍”，結果遭殃的還是自己。

才智之士，處於亂世務須小心謹慎，不要誇耀自己的才能，才能外露時會招忌於人，這是啟爭之端。因而，莊子看來，在這“福輕乎羽，禍重乎地”的年頭，才智人士應知藏鋒，藏鋒的妙策，莫過於以“無用”而藏身。

三、無用之用

世俗世界的人，往往以實用為權衡價值的標準。有直接而實際效用的事物，就認為它有價值；沒有直接而實際效用的，就認為它沒有價值。孰不知許多東西的用處雖是間接而不顯著，然而其重要性卻遠超過了那些有直接效用之物。莊子雖然沒有指出純理論知識比實用技術重要，但是他揭露了一般人的急功好利，目光如豆，而只知斤斤計較於眼前的事物。於是，站在實用本身的立場，他闡揚"無用之用"的意義。

從莊子哲學看來，"無用之用"有幾層意思：

一、藉此說以抒發自己的心事

莊子的立意藉縱橫洸洋的筆端傾瀉而出，

“猶河漢而無極”，乍聽起來，覺其言“大而無用”、“狂而不信”。這點莊子似乎有先見之明。所以他說：“瞽者無以與乎文章之觀，聾者無以與乎鐘鼓之聲”。

二、世俗世界的人，限於小知與無知，往往有眼無珠而不識大才大用；他們是拙於用大的

在《逍遙遊》裏，莊子又藉惠子以抒發自己的心事：

> 惠子對莊子說：“魏王送我一顆大葫蘆的種子，我種在土裏，長大以後，結出來的葫蘆足足有五石容量那麼大；用來盛水，它堅固的程度卻不足夠；把它剖開來做瓢：又沒有這麼大的水缸可以容納得了。我認為它空大無用，所以把它打碎了。”
>
> 莊子說：“你真是不善於使用大的東西啊！宋國有個人，精於製造一種不皸裂手的藥物，他家世世代代都以漂洗絲絮為業。有一個客人聽聞這種藥品，願意出百金收買他的藥方。宋人把全家人找來共同商量：‘我家世世代代以漂洗絲絮為業，只得到很少的金子，現在賣出這個藥方，

立刻就可以獲得百金，就賣了罷！'客人得到藥方，便去遊説吳王，這時越國犯難，吳王就拜他為將，冬天和越國水戰，因為用了這藥，兵士可免於凍裂之患，結果大敗越國，吳王遂割地封賞他。同樣一種藥方，有人使用它，可以得到封賞；有人使用它，只是漂洗絲絮，這就是因為使用的方法不同的緣故。現在你有五石容量的大葫蘆，為甚麼不把它當作腰舟浮遊於江湖之中，卻反而愁它無處可容（用）呢？你的心真是茅塞不通啊！”　（《逍遙遊》）

同是一物，不同的人以不同方法使用它，便產生了如此相異的效果。在這裏，莊子意示着世人的不善用其大。接着，又從和惠子的對話中引出他那“無用之用”的妙論：

惠子對莊子說：“我有一棵大樹，人家都叫它為‘樗’。它的樹幹上木瘤盤結，不能合乎‘繩墨’，它的小枝彎彎曲曲，不能合乎‘規矩’。長在大路上，經過的木匠都不瞅它一眼。你的言論，大而無用，大家都不肯相從。”

莊子説：“你不曾看見過野貓和黃狼嗎？卑伏着身子，等待捕捉出遊的小動物，東西跳躍，不避高低，往往踏中捕獸的機關，死於網罟之中。再看看那犛牛，龐大的身子好像天邊的雲彩，雖然不能捉老鼠，但牠的功能可大極了。現在你有這麼一棵大樹，還愁它無用，為甚麼不把它種在渺無人煙的地方，廣漠無邊的曠野上，你可無所事事地徘徊在樹旁，逍遙自在地躺在樹下。這樹就不會遭受斧頭的砍伐，也沒有東西會侵害它。無所可用，又會有甚麼禍害呢！”　　(《逍遙遊》)

《人間世》裏亦將“無用之用”這觀念大加發揮。

有個名叫石的木匠往齊國去，到了曲轅，看見有一棵為社神的櫟樹。這棵樹大到可以供幾千頭牛遮蔭，量一量樹幹有百尺粗寬，樹身的長度高過山頭好幾丈以上才生樹枝，可以造船的旁枝就有十幾棵。觀賞的人羣好像鬧市一樣的擁擠，匠人卻不瞧一眼，直往前走。

他的徒弟站在那兒看了個飽，追上石匠，問說："自從我拿了斧頭跟隨先生，未曾見過這麼大的木材。先生不肯看一眼，直往前走，為甚麼呢？"

石匠說："算了罷，不要再說了！那是沒有用的'散木'，用它造船就會沉下去，用它做棺槨就會很快腐爛，用它做器具就會很快折毀，用它做門户就會流污漿，用它做屋柱就會被蟲蛀，這是不材之木，沒有一點用處，所以才能有這麼長的壽命。"

石匠回家以後，夜裏夢見櫟樹對他說："你要拿甚麼東西和我相比呢？把我和文木相比嗎？那柤梨橘柚等結果子的草木之類，果實熟了就遭剝落，剝落就受傷；大枝被斷，小枝被拉下來。這都是由於它們的'才能'害苦了自己的一生。所以不能享盡天賦的壽命，中途就夭折了。這都是由於自己顯露有用而招來世俗的打擊，一切東西沒有不是這樣的。我把自己顯現無處可用的樣子，已經很久了，然而有好幾次我還是幾乎被砍死，到現在我才保全到自己，'無處可用'對我正是大用。假使我有用，我還能長得這麼大嗎？"　(《人間世》)

三、不受世俗所容的人，對於他們自己本身卻有很大的益處，尤其是不被統治階層所役用的人，對於自身是件幸事。

世俗對於能者的排擠打擊，實在是無所不為。莊子喚醒才智人士，要能看得深遠，不必急於顯露自己，更不可恃才妄作，否則若不招人之嫉，也會被人役用而成犧牲品。

自我的顯現或炫耀，都將導致自我的毀滅。正如"山上的樹木被做成斧柄來砍伐自己，油膏引燃了火反轉來煎熬自己。桂樹可以吃，所以遭人砍伐；漆樹可以用，所以遭人割取。"(《人間世》) 這和"虎豹因為身上有紋彩，所以招引人來獵取”(《應帝王》)的道理是一樣的。無怪乎莊子喟然感歎地說："世人只知道有用的用處，而不知道無用的用處。”(《人間世》)

莊子強調“無用”並不是為一切“廢物”辯護，也不是表現頹唐的心境。乃在於提醒才智之士不可急功近利而為治者所役用，否則後患便無窮了。譬如李斯，在他做秦朝宰相時，真是集富貴功名於一身，可是最後終於在政治鬥爭中垮下來。當他被拘下獄時，不禁仰天而歎說："昔者桀殺關龍逢，紂殺王子比干，吳王夫差殺伍子胥，此三臣者，豈不忠哉，然而不免於死，身死而所忠者非也。”(《史記·李斯列傳》) 李斯所感歎的，莊子早指出了。多少人貴幸名富顯於當世，然而卒不免為階下囚；"狡兔死，良狗烹……敵國破，謀臣亡。”從淮陰被誅、蕭何繫獄的事例，可以體會莊子倡言“無用”的警世之意。他深深地覺察到智士多懷才不遇，因之往往陷於悲觀或悲憤。於是乃發揮“無用之用”的旨意，以拯救知識分子的危機。在這一點上，莊子對於後代讀書人的抗議精神有深遠的影響。

莊子生當亂世，深深地覺察到在亂世裏，“無用”於治者實有“用”於己——不被官僚集團所役用對自己實有很大益處。敏銳的莊子一眼便看穿那些官僚集團不過是戴了面具的盜跖之流，他們豪奪國土，搖身一變而為諸侯；更巧取仁義，將自己塑造為聖人。莊子一方面機警地避開他們，不與為伍，另方面又靈妙地揭開了他們假仁假義的面具。

四、掊擊仁義

在莊子的世界中，那種自得其得，自適其適的心境，那份廣大寬閒，悠然意遠的氣派，都是別家所無的。因而，在他的天地裏，凡是一切束縛人性的規範，他都會舉筆抨擊。

在內篇中，莊子對於仁義的弊端，有力地點了兩筆：

> 仁義的論點，是非的途徑，紛然錯亂。 (《齊物論》)
>
> 堯用仁義給人行墨刑。 (《大宗師》)

莊子並不反對道德本身，他所反對的是"違

失性命之情”的宗法禮制、是桎梏人心的禮教規範(“禮教”一詞最早見於《莊子·徐無鬼》)。莊子說：“大仁不仁”、“至仁無親”、“大仁”、“至仁”是有真情實感而無偏私的德行。

莊子為文，幽渺之至。當他要否定一樣東西的時候，往往從旁設喻，令你無法正面衛護；或偶而一筆帶過，筆力卻雄勁不可擋。他絕不怒形於色，更不作怒罵的姿態。所以外篇及雜篇中，很多對於仁義均大肆“掊擊”，看來不像莊子本人的語調及風格，可能是莊子後學的筆法。也許到了莊子晚年，仁義已變成統治階層戕賊人類的工具，禍害甚深。所以莊子學派筆尖直指那些“道德君子”和“竊國諸侯”，猛力抨擊。

莊子後學掊擊仁義，不外乎兩個重要原因：

一、仁義已成為強制人心的規範。

仁義已像“膠漆纏索”般囚鎖着人心，結果弄得“殘生傷性”。

莊子後學甚而激烈地抨擊：若從殘害生命戕傷人性的觀點看來，為仁義而犧牲的人，世俗上卻稱之為“君子”。這些好名之徒，事實上和“小人”又有多大的分別呢！

對仁義的“攖人心”(《在宥》)莊子在《天運》中作

了有趣的譏諷：

> 孔子見老聃談起仁義，老聃說：“蚊子叮人皮膚，就會弄得整晚不得安眠。仁義攪擾人心，沒有比這更大的禍亂。”

仁義對人性的紛擾，道家人物的感受可說最為敏銳。

二、仁義已成為“聖人”們的假面具，“大盜”們的護身符。

仁義這東西，行之既久，便成為空口號而失去原有的意義了。更糟的是，它已成為作惡者的口頭禪了。

莊子學派菲薄仁義，最主要的原因，乃是因它被“大盜”竊去，成為王權的贓品了。

> 聖人不死，大盜不止。雖然借重聖人來安定天下，卻大大增加了盜跖的利益。製定斗斛來量東西，就連斗斛也一起被竊取了；設計天秤來稱東

西，就連天秤也一起被竊取了；做成印章來互相取信，就連印章也一起被竊取了；提倡仁義來矯正行為，就連仁義也一起被竊取了。怎麼知道是這樣的呢？那竊取帶鈎的就被刑誅，竊取國家的反成諸侯，諸侯的門裏，就有了仁義。　　（《胠篋》）

“聖人不死，大盜不止。”中隱含着兩個意義：

一、聖人“蹩躠為仁，踶跂為義”，汲汲於用仁義繩人，遂激起人的反感，而禍亂滋生。因此，只要“聖人”存在一天，大盜便永無終止之日。

二、“聖人”和“大盜”乃名異而實同。他們假借“仁義”的美名，以粉飾謊言，掩藏醜行。所以說：“竊國者為諸侯，諸侯之門而仁義存焉”。

這是一項沉痛的透視。同時，也確切勾畫出當時社會背景的真情實況。

五、理想人物

在莊子眼中，當道人物都是一丘之貉，世俗人羣則為渾噩之徒，除了這兩種人物之外，世間還有幾類特殊之士：

思想犀利，行為高尚，超脱世俗，言論不滿，表現得很高傲；這是山林隱士、憤世的人、孤高寂寞、懷才不遇者所喜好的。談説仁義忠信，恭儉推讓，潔好修身而已；這是平時治世之士、實施教育的人、講學設教者所喜好的。談論大功，建立大名，維護君臣的秩序，匡正上下的關係，講求治道而已；這是朝廷之士、尊君強國的人、開拓疆土建功者所喜好的。隱逸山澤，棲身曠野，釣魚閒居，無為自在罷了；這是悠遊江海之士、避離世事的人、閒暇幽隱者所喜好的。吹噓呼吸，吞吐空氣，像老熊吊頸飛鳥展翅，為了延長壽命而已；這是導引養形的人、彭祖高壽者所喜好的。　　（《刻意》）

上面列舉的五種人，也可說略道盡世間的品流。而莊子卻另外創構了一種理想人物，有時稱他們為至人，有時稱為真人，又有時稱為天人或神人，不一其名。

《逍遙遊》內說到這種理想人物，能夠順着自然的規律，以遊於變化之途。莊子運用浪漫的手法，將這類人描繪得有聲有色。

藐姑射之山，有神人居焉，肌膚若冰雪，淖約若處子。不食五穀，吸風飲露。乘雲氣，御飛龍，而遊乎四海之外。

莊子以文學式的幻想，把姑射之山的神人構繪得有若天境中的仙子。在這裏，有幾點值得我們注意：這是浪漫幻想的馳騁，絕非神仙家之言；而莊子的用意在於打破形骸的拘囚，以使思想不為血肉之軀所困；至於"遊乎四海之外"是精神上的升越作用，和《天下》的"與天地精神往來"具有同樣的意義。

在不受外界物質條件約束的意義下，莊子在《齊物論》上這樣描寫：

> 至人神矣！大澤焚而不熱，河漢沍而不能寒，疾雷破山風振海而不能驚。若然者，乘雲氣，騎日月，而遊乎四海之外。

莊子這種筆法在當時是很新鮮的，在表達辭意和開拓境界方面，都富有獨創性。可惜後來被道教之流，抄襲得陳俗不堪。

莊子在這裏無非想表示這種人是絲毫不受外在環境影響的。他能夠順物而行，隨時而化，不執着，又不受塵俗所累。

神人的面貌，極具形相之美。可是到了《德

充符》，莊子卻筆鋒迴轉，把德行充實者的形相裝扮得醜陋之至。好像粉墨登台的丑角一般，接連出現了三個跛子，然後是一個醜貌的人和一個拐腳、駝背而缺嘴的人，最後是一個頸項長着大如盆的瘤瘿者。莊子為甚麼要把他們勾畫得這般奇形怪狀呢？原來他想藉此以説明“德有所長，而形有所忘”。在破除人們重視外在形骸這觀念上，莊子雖然描繪得矯枉過正，可是他的用意並不難體會；因為他一心一意要強調須以內在德行來感化他人。

《德充符》中這些四體不全的人，雖然“無人君之位以濟乎人之死，無聚祿以望人之腹，又以惡駭天下”，可是這些人卻有一股強烈的道德力量吸引着大家。形體醜而心靈美，便是莊子所創造的一種獨特的理想人物。

莊子運用他那豐富的想像力，在《德充符》內作了一番奇異的寫照外，又在《大宗師》給“真人”換上一副面貌：

甚麼叫做真人呢？古時候的真人，不違逆微少，不自恃成功，不謀謨事情；若是這樣，便沒有得失之感，過了時機而不失悔，順利得當而不自得。像這樣子，登高不發抖，下水不覺濕，入火不覺熱。這就是知識能到達與道相合的境界。古時候的真人，睡覺時不做夢，醒來時不憂愁，飲食不求精美，呼吸來得深沉。

古時候的真人，不貪生，不怕死，泰然而處；無拘無束的去，無拘無束的來，不過如此而已。不忘記他自己來源，也不追求他自己的歸宿，順乎始終的自然……。

像這樣子，他心裏忘記了一切，他的容貌靜寂安閒，他的額頭寬大恢宏；冷肅得像秋天一樣，温暖得像春天一樣，一喜一怒如同四時運行一樣的自然，對於任何事物都適宜，但也無法測知他的底蘊。

古時候的真人，樣子巍峨而不畏縮，性情謙和而不自卑；介然不羣並非堅執，心志開闊而不浮華；舒暢自適好像很喜歡，處人處世好像不得已；內心湛然而面色和藹可親，德行寬厚而令人歸依；嚴肅不驕，高邁於俗，沉默不語好像封閉了感覺，不用心機好像忘了要說的話。　　（憨山：《莊子內篇註》）

莊子將真人的心態、生活、容貌、性情各方面，給了我們一個基本輪廓。這種真人"雖超世而未嘗越世，雖同人而不羣於人。"至於另外一些神奇的描寫，譬如說真人"登高不慄，入水不濡，入火不熱"，無非是強調他不受外界任何的影響而能把握自我罷了！

把握自我即意謂着不受外在因素或物質條件的左右；不計較利害、得失、生死，這樣的胸懷，確實需要有真知的薰陶，正所謂"有真人，而後有真知"。

六、肯定真知

許多學者以為莊子是否定知識的，但這只是皮相之見。

莊子在《養生主》內，說了一句眾所周知的話，引起了普遍的誤解。他說：

> 吾生也有涯，而知也無涯，以有涯隨無涯，殆已！（《養生主》）

的確，“我們的生命是有限的，而知識是無限的。”這是沒有人懷疑的事實。莊子再提出警告：如果“以有限的生命去追求無限的知識，就會弄得疲困不堪了。”由於莊子對人類的認知能力與知識範圍，作了一番深徹的檢討與反省，因此提出這樣的警告。再看《秋水》，莊子對於這觀點有更清楚的引申：

> 計算人所知道的，總比不上他所不知道的；人有生命的時間，總比不上他沒有生命的時間；以極其有限的生命去追求無窮的知識領域，必然會茫然而無所得。

莊子對於生命的限度和知識的範圍做了一番審查，認為以有限的生命力去追求無窮的知識範圍，是人類能力所無法達到的。若在能力以外的地方去挖空心思，必然會茫然而無所得。這也正是莊子提醒人們："以有涯隨無涯，殆已"的原因了。

由於知識是浩瀚無邊的，而人類的生命和認知能力卻有限。因而莊子認為，這認識或許對於匆促的人心是頗有益處的：當知識的探求已超出極限範圍以外，便應適可而止；而對於我們能力所不能達到的事物，亦應安於無知。所以莊子說："知，止乎其所不能知，至矣！"(《庚桑楚》)。如果我們了解英國哲學家洛克也是致力於劃分人類理解力的能限，我們就更能深一層體會莊子的用意了。

《莊子》書中確有反對“知”的言論，然而他所反對的，乃是世俗之知，是“小知”。據我的分析，不外屬於下列幾種情形：

一、世俗之知不過是適時應世的口耳之學。

二、世俗之知多屬感覺之知。這一類的“知”可開擴慾的範圍與滿足慾的需求。然而也僅止於取足一身口體之養。

三、智巧之知為啟爭之端，宜加以擯棄。莊子所謂：“知出乎爭……知也者，爭之器也”(《人間世》)。“智”往往成為人們互相爭辯的工具，用來誇耀自己。這裏的“智”，乃指運用心機，是最為莊子所鄙棄。

四、“小知”只是片面的認識，往往偏執一端、拘於一隅而自以為是。所謂“是其所非，而非其所是”(《齊物論》)，各以所見為知，各以所守為是，這一切都是主觀意念與成見所造成的。

世俗世界“小知”的形成乃由於“拘於虛”、“篤於時”、“束於教”(《秋水》)——受空間的拘囚、時間的範限以及禮教的束縛——所致，所以是一種封閉性的見識而已。《秋水》中，莊子還借一個寓言，譏諷這類小知小見者：

你沒有聽到淺井蝦蟆的故事嗎？這蝦蟆對東海的大鱉說："我快樂極了！我出來在井欄杆上跳躍，回去在破磚邊上休息；在水裏游的時候，水就浮起我的臂腋、支撐着我的兩腮；踏在泥裏的時候，泥就掩蓋着我的腳背。回顧井中的赤蟲、螃蟹與蝌蚪，都不如我這般的逍遙自在。況且我獨據一池井水，跳躍其間，真是快樂到極點了。先生，你何不常進來觀賞觀賞呢！"

東海的鱉左腳還沒有跨進去，右膝已經被拘束了。於是乃從容的退卻，把大海的情形告訴牠："千里路的遙遠，不足以形容它的大；八千尺的高度，不足以量盡它的深。禹的時代十年當中有九年水災，然而海裏的水並不增加；湯的時代八年當中有七年旱災，然而海邊的水並不減退。不因為時間的長短而改變，不由於雨量的多少而增減，這也是在東海的大快樂啊！"

淺井裏的蝦蟆聽了驚慌失措，茫然自失。

河伯的“欣然自喜”和井底蝦蟆的“跨跱埳井之樂”，寫盡了小知小見的固蔽，一旦見到“大方之家”的真知灼見，始豁然開通。由此可知，莊子並非要貶抑知識或抹殺智慧：

一、任何一件物象，從不同的角度去觀察，會得出不同的印象；你從這面看就看不見另一面，他從另一方面看就看不見這面，有因而認為是的，就有因而認為非的，有因而認為非的，就有因而認為是的。所以事物因對待而產生了是非，同時，人總認為自己“是”而別人“非”，因而堅持己見，爭論不休。事實上若能互相易地而觀，則是非爭論自然消失。惟懷有真知才能從事物的整體性着眼，並從每個角度作全面觀察。所以真知乃能“照破”是非對待，而達成全體的觀照與全面的透視。

二、真知不拘限於形跡。這觀點見於《秋水》河伯和海若的寓言中：

> 河神說：“世俗的議論者都說：‘最精細的東西是沒有形體的，最廣大的東西是沒有外圍的。’這是真實

的情況嗎？”

北海神說：“從小的觀點去看大的部位，是看不到全面的，從大的觀點去看小的部位，是看不分明的。‘精’是微小中最微小的；‘垺’是廣大中最廣大的；大小各有不同的方便，這是情勢如此。所謂精小粗大，乃是限於有形跡的東西；至於沒有形跡的東西，便是數量都不能再分了；沒有外圍的東西，便是數量也不能窮盡了。可以用語言議論的，乃是粗大的事物；可以用心意傳達的，乃是精細的事物；至於語言所不能議論，心意所不能傳達的，那就不局限於精細粗大了。”

知識的領域不局限於有形世界，所以思想角度不宜拘於物相、役於語言。

三、人要了解知識的對象，知識的性質；了解人在宇宙中所處的地位；了解知識所能達到的範圍，如超出此範圍，便應安於無知。

四、了解物物之間的對待關係，並要超出事物的對立性而體味和諧之美。

五、擴大人類對於自然界的信念與信心。注意天（自然）人之間的關係：取消人和自然的對立，而與自然處於和諧的情況下。人為自然的一部分——自然如同大我，個人如同小我，在本質上是如一的。所以人生活在大自然的懷抱內，應取法乎自然——人類的行為與行事，都應合乎天然的運行——一切順其自然無為。

七、自然無為

莊子提出“自然無為”思想是有其時代背景的。當時社會已經到達了“紛然淆亂”的情景，各政治人物都在囂囂競逐，結果弄得“天下瘁瘁焉人苦其性”。莊子洞察這禍亂的根源之後，就認為凡事若能順其自然，不強行妄為，社會自然能趨於安定。所以莊子“自然無為”的主張，是鑒於過度的人為（偽）所引起的。在莊子看來，舉凡嚴刑峻法、仁義道德、功名利祿、知巧機變以及權謀術數，都是扭曲自然的人性，扼殺自發的個性。就像水澤裏的野雞一樣，十步一啄，百步一飲，滿是逍遙自在的，可是一旦被人關起來，雖然有人餵食，但牠其實並不希望被養在籠子裏。同樣，人類也不願被這一些禮俗、刑規和制度所拘囚。

在莊子看來，凡事都要能適其性，不要揠苗助長，“鳧脛雖短，續之則憂，鶴脛雖長，斷之則悲。故性長非所斷，性短非所續”(《駢拇》) 。任何“鈎繩規矩”的使用，都像是“絡馬首，穿牛鼻”，均為“削其性者”。正如《馬蹄》上描述的：

> 馬，蹄可以踐霜雪，毛可以禦風寒，齕草飲水，翹足而陸，此馬之真性也。雖有義台路寢，無所用之。及至伯樂曰：“我善治馬。”燒之、剔之、刻之、雒之、連之以羈馬、編之以阜棧，馬之死者十二三矣；飢之、渴之、馳之、驟之、整之、齊之、前有橛飾之患，後有鞭筴之威，而馬之死者過半矣。

“橛飾之患”，乃為造成苦痛與紛擾之源；凡是不順乎人性而強以制度者亦然。

這一觀點同樣可以推廣到政治上。統治者不要自訂法律來制裁人民，這樣去“治天下”就如同“蚊子負山”，是不能成功的。因此，一切要任其自然，不要使用手段來壓制人民。“鳥兒尚且知道高飛以躲避網和箭的傷害，老鼠尚且知道深藏在社壇底下，以避開煙薰鏟掘的禍害，難道人民無知還不如這兩種蟲子嗎？”(《應帝王》) 所以《應帝王》中莊子認為若能“順應事物變化的自然，不要用自己的私心，天下就可以治理好了。”——這也是“自然無為”的旨意。

於此可知，“無為”即是指掌握權力的治者，不要將自己的意欲強加於人民身上。否則，用心雖善，也會像魯侯養鳥一樣：

> 從前有隻海鳥飛落在魯國的郊外，魯侯把牠迎進太廟，送酒給牠飲，奏九韶的音樂使牠樂，宰牛羊餵牠。海鳥目眩心悲，不敢吃一塊肉，不敢飲一杯酒，三天就死了。這是用養人的方法去養鳥，不是用養鳥的方法去養鳥……所以先聖了解人的個別性。　　(《至樂》)

在《應帝王》的篇末，有一個含意深遠的寓言，這便是著名的“鑿渾沌”：

南海的帝王名叫儵，北海的帝王名叫忽，中央的帝王名叫渾沌。儵和忽常到渾沌的國境裏相會，渾沌待他們很好。儵和忽商量報答渾沌的美意，說："人都有七竅，用來看、聽、飲食、呼吸，唯獨他沒有，我們試着替他鑿七竅。"一天鑿一竅，到了第七天，渾沌就死了。

"渾沌"是代表着質樸、純真的一面。莊子目擊春秋戰國時代，國事紛亂，弄得國破人亡，都是由於統治階層的繁擾政策所導致。莊子這一寓言，對於當世是一個真實的寫照，對於後代則是澄明的鏡子。在今日這粉飾雕琢的世界看來，這寓言尤其具有特殊意義。

歸結地說，莊子的"自然"乃喻示着人性的自由伸展與人格的充分發展，不受任何外在力量的強制壓縮或約束，如此，才能培養一個健全的自我。然而自我的個性與意欲卻不能過分伸張，如若影響到他人的行動或活動範圍時，便容易構成脅迫、侵佔乃至併吞的現象。至此，乃有“無為”思想出現。“無為”即是喚醒人們不要以一己的意欲強行施諸他人，這樣才能維持一種均衡的人際關係。在這關係中，人與人之間的存在地位是並列的，不是臣服的。如此，每個人都可發揮自己的意志和創造力，而做到真實地存在；另一方面，人人都能承認並尊重他人的個性與地位。在這樣的社羣關係中，個人既可得到充分發展，又可羣聚而居。

莊子“自然無為”的觀念，負面的意義是因過度的虛偽、造作所引起。正面的意義則是他察照自然界中的現象後所引發的。因為他發現自然界中，四時運行，萬事滋生，一切都在靜默中進行。大自然的寧靜優美，實可醫治及粉飾虛偽的人事所帶來的煩囂混亂。因此，“自然無為”的觀念，可說是廣大的自然之美所孕育而成的。

八、自然之美

莊子實為一位自然哲學家。他的哲學觀念乃放眼於廣大的自然界，不似儒家僅局限於人事界。

西方亦有很多自然哲學家，然而基本的精神和觀點，則和莊子有很大的不同。希臘人往往把自然界看成無意義的物質世界；中世紀更視之為實現人性虛榮慾望的活動場所，因而把它當作罪惡之域；及於近代，則把自然界看為一數理秩序、物理秩序中立的世界，並排除一切真善美的價值，以視之為非價值的領域。

西方的自然哲學，以客觀世界為對象，人類處於卑微的地位。尤其是早期希臘哲學思想，均不出自然的範圍，那些哲學家所注意的是外在的世界，並持科學的態度加以剖析了解。至於人類，則僅被視為自然的一部分，因而對人類生命的活動及價值，便忽略不談。莊子的自然哲學則不然，他以人類為本位，並將生命價值灌注於外在自然，同時，復將外在自然點化而為藝術的世界。由是，在莊子的哲學中，人與自然的關係，不似西方常處於對立的"分割"狀態，而是融成一個和諧的整體世界。

許多西洋哲學家，將自然視為價值中立的世界，更有不少人將自然視為負價值的領域，遂使人和自然的關係處於衝突與鬥爭中。羅素談到人類的"三種衝突"時說："人的天性總是要和甚麼東西衝突的"，並視人的鬥爭有三種，第一種就是"人和自然的衝突"，而鬥爭勝利便是生存的要件，勝利者往往以征服者的姿態出現，他們將自然視為一種束縛，為了解除束縛，於是致力去認識它，克服它。西方科學知識與科學技術能夠如此發達，大抵可說是這一態度所促成的。

綜合來看，西方以往的形而上學家，對於自然均表現出一種超越的觀念。他們常在自然之外，幻想另一超自然以為對立。到了近代，哲學家才藉助於科學知識，就自然本身作出剖析，這是屬於純理論系統的建構，而他們和自然接觸後的態度，卻迥異於莊子。

在莊子心目中，廣大自然乃是各種活潑生命的流行境域，自然本身，含藏着至美的價值。所以莊子不憑空構造一個虛空的超自然，也不將現有的自然視為沉滯的機械秩序。

莊子認為自然是生我、養我、息我的場所，我們的衣食取之於自然，遊樂憑藉着自然，陽光空氣、春風秋月，都是大自然給我們的"無盡藏"寶物。這樣的自然實為滋生萬物而具慈祥性的 mother nature。所以在莊子心中，人和自然之間根本沒有衝突，相反，彼此間表現着和諧的氣氛。莊子《齊物論》上的"三籟"：天籟與地籟相應，地籟與人籟相應——自日月星辰，山河大地以至於人身也是一個大和諧。

莊子的自然觀，影響後人很大，這種思想也可說代表了中國人心境上一個顯著的特徵。後世"遊於萬化"的藝術精神和"返回自然"的文學呼聲，都是在莊子哲學中尋得啟示。陶淵明"久在樊籠裏，復得返自然"的感慨，亦道出了莊子的心聲，同時也表明了人事無異於羅網，惟有自然乃最為賞心悅目的去處。

"山林歟，皐壤歟，使我欣欣然而樂歟！"

大自然對於莊子心境的薰染，無疑是很深刻，再加上他那獨特的審美意識，所以在他看來，大自然就是一個美妙的境地，我們根本毋須在世外另找桃源。他深愛這個自然世界，因而對它採取同情與觀賞的態度。

自然是美的。在莊子眼中，自然之美含藏着內在生命及其活潑之生機，它孕育萬物，欣欣向榮，表現着無限的生意。無怪乎莊子讚歎着：

> 天地有大美而不言，四時有明法而不議，萬物有成理而不說。（《知北遊》）

自然之美表現於無言，莊子乃由大自然的默察中而引申其無言之美。

九、不辯之辯

戰國初期的莊子，正值百家爭鳴以及堅白異同之辯最熱鬧的時候。敏銳的他，把各家爭辯時的情形都看在眼底，他描述當時的境況是：

> 大知廣博，小知精細；大言氣焰凌人，小言則言辯不休。他們睡覺的時候精神錯亂，醒來的時候則形體不寧。一旦接觸到外界的事物便好惡叢生，整天鈎心鬥角。有的出語遲緩，有的發言設下圈套，有的用辭機巧嚴密。他們總是恐怕被別人駁倒，於是內心惶然，小的恐懼是提心吊膽，大的恐懼是驚魂失魄，他們專心

窺伺別人的是是非非。一旦發現別人的漏洞，便發言攻擊，其出語之快有若飛箭一般；他們不發言的時候，就心藏主見，如固守城堡一樣，默默不語以等待致勝的機會。他們工於心計，天真的本性就日漸消失，如同秋冬的肅殺之氣；他們沉溺在所作所為之中，一往而不可復返。他們固步自封，被無厭的慾求所蔽塞。於是心地麻木，沒有辦法使他們恢復活潑的生氣了。他們時而欣喜，時而憤怒，時而悲哀，時而歡樂，時而憂慮，時而嗟歎，時而反覆，時而驚懼，時而浮躁放縱，時而張狂作態。　　(《齊物論》)

莊子把當時各家爭論時的心理狀態與行為情態，描繪得淋漓盡致。我們可以想像得到，當時的文化論戰，大家辯爭得鼓睛暴眼的樣子，也確實顯得不夠冷靜。莊子這一描繪，倒是擊中了各家的要處。

各家為甚麼會這樣“紛然淆亂”地爭辯呢？在莊子看來，就是由於“成心”，即成見。這是由於一時一地的自我主觀因素所形成，形成之後，人人就拘執己見，偏於一隅。最後浮詞相向，便演成口辯。在這裏，莊子找出儒墨兩家作為代表，以“不譴是非”的態度，而行譴責之實：

> 道是怎樣被隱蔽而有真偽呢？言論是怎樣被隱蔽而有是非呢？‘道’是無往而不存的，言論是超出是非的，‘道’是被小的成就隱蔽了，言論是被浮華言詞所隱蔽了。所以才有儒家墨家的是非爭辯，雙方都自以為是，以對方為非。對方所認為“是”的，就説成“非”；對方所認為“非”的，就説成“是”。　　(《齊物論》)

“小成”的人，拘泥於片面的認識。於是雙方相互指責，每個人都自以為是，排斥異己，因此捲入紛爭之中，其爭愈久，其紛愈不可解。

在爭論之中，各家都勞動心思去求其齊，而不知道他們所爭的東西根本都是一樣的。這就好像《齊物論》中養猴子的老人，分橡子給猴子吃的時候：“早晨給你們三升，晚上給你們四升。”猴子聽了都發起怒來。狙公又說：“那麼，早晨給你們四升，晚上給你們三升吧。”猴子聽了都高興起來。名和實都沒有變，只是利用猴子的喜怒情緒，順着牠們的所好而已。

這些爭辯不休的學者，就像爭着“朝三暮四”還是“朝四暮三”的猴子一樣，其實“名”和“實”並沒有因爭論而改變，大家只是各持主見來作為認識的標準而已。因此在莊子看來，這些爭辯，勝者未必就是對的，敗者亦未必就是錯。這樣的爭辯從何判定是非呢？所以他說：

> 假使我和你辯論，你勝了我，我沒有勝你，你果然對嗎？我果然錯嗎？我勝了你，你沒有勝我，我果然對嗎？你果然錯嗎？是我們兩人有一人對一人錯呢？還是我們兩人都對或者都錯呢？我和你都不知道。凡人都有偏見，我們請誰來評判是非？假使請意見和你相同的人來評判，他已經和你相同了，怎麼能夠評判呢？假使請意見和你我都不同的人來評判，他已經跟你和我相異了，怎麼能夠評判呢？假使請意

見和你我都相同的人評判，他已經跟你和我相同了，怎麼能評判呢？那麼，我和你及其他的人都不能評定誰是誰非了。（《齊物論》）

這是中國學術史上一段很精彩的“辯無勝”的説詞。任何人談問題時都不免摻有主觀的意見，主觀的意見都不能作為客觀的真理。當時學術界這種情形，莊子看得很透徹，各家都在是是非非的漩渦裏爭吵不休；而這些是非都是在對待中產生的，都是虛幻的。那末，在這裏留下了一個問題：從哪裏建立客觀的標準呢？

莊子的回答是：在於“道”。

十、不道之道

老莊將“道”提升到中國哲學的最高範疇。莊子更以詩人的筆法形容它可以“終古不忒”，能夠“不生不死”，使得後代無數讀書人一碰上它，思考就模糊起來，像跌進一片渾沌之中。

否定神造說

“道”是中國文化的特產，一如“上帝”為西洋文化的特產，它們有異曲同工之妙。每當那些思想家遇上任何解決不了的問題時，都一股腦兒往裏推。然而“道”和“上帝”這兩者在性質上卻有很大的分別，“道”沒有了“上帝”那種宗教或神話意味。

西洋宗教或神話解釋宇宙，是在現象之上去尋找原因。莊子則不然，他以自然界本身來說明世界，他認為自然界的一切變化，都是它自身的原因。所謂“天地固有常矣，日月固有明矣！”(《天道》) 這個“固”字，便説明了“本來如此”，而不是外來的因素。在《知北遊》中也説到：“天不得不高，地不得不廣，日月不得不行，萬物不得不昌，此其道與！”所謂“不得不”，乃屬必然之事，莊子十分強調萬物的“自化”，他全然否定有甚麼神或上帝來支配自然界。

在莊子看來，自然界的各種現象都是“咸其自取”的。《齊物論》內，莊子用長風鼓萬竅所發出的各種聲音，來説明它們是完全出於自然的：“夫吹萬不同，而使其自己也，咸其自取，怒者其誰耶？”這是説風吹過萬種竅孔發出了各種不同的聲音，這些聲音之所以千差萬別，乃是由於各個孔竅的自然狀態所產生，主使它們發聲的還有誰呢？這裏的“自取”、“自己”不都表明了毋須另一個發動者嗎？“六合之外，聖人存而不論。”(《齊物論》) 這態度豈不更顯朗嗎？在《莊子》一書中，完全沒有關於神造宇宙的寓言，也找不出一些祠祀祈禱的儀式或迷信，更沒有絲毫由神鬼來掌管死生的説詞。

由此可知，有些學者將"道"視如宇宙的"主宰"，或予以神學的解釋是不妥的。

"道"具有形而上學的意義，它是天地萬物的"總原理"，並且無所不在，超越了時空，又超越了認識。《大宗師》內曾說："道"瀰漫於天地間，要説有神嗎，神是從它生出來的，天地也是它生出來的。既然説它真實地存在着，卻又説它沒有形狀；既然沒有形狀，感官便無法把捉得了。這正如《知北遊》中所說的："道不可聞，聞而非也；道不可見，見而非也；道不可言，言而非也。"如此，"道"便成為恍惚而無從捉摸之物。雖説老莊的"道"可以解釋為萬物的根源、法則或動力，然而它是不可靠感覺捉摸，又無法用理智推想，若從現代邏輯實證論學者看來，這套無法驗證的"觀念遊戲"，只是一堆沒有意義的語言而已。這類具有詩意的語言，在哲學史上的意義，乃在於宇宙的起源及其現象，它揚棄了神話的籠罩，而以抽象的思索去解釋。莊子的解答雖然不一定正確，但對追尋問題仍是有重大意義的。

這古老的哲學概念，從現代人看來，表現了簡純社會中的一種樸素思想：企圖以一元的答案來解決多元的現象，在今日這繁複而多向性的時代看來，不免顯得獨斷。

狙公的手法

若從認識論的觀點來看莊子的道，則有如“狙公的手法”。我們且看看莊子的手法：

首先，莊子指出外界的紛亂騷擾，莫不捲入價值的糾葛中，這都是因成見、短視、以及偏狹的主觀因素所形成。於此，莊子指出一切主觀的認識，都只能產生相對的價值，而由於價值都是相對的，所以他便進一步否決絕對價值的存在。這裏就留着一個重要而嚴重的問題：如何重建認識標準？如何重整價值根源？

然而，巧妙的是莊子指出現象界的相對價值是無意義以後，卻不立刻處理問題，而是躲遁到另一個範疇——“道”——上，並優遊於其間，忘卻現象界一切無謂的對峙。在《齊物論》內莊子就說到：各有各的是非，消除是非的互相對立，這就是道的要領了。了解“道”的理論以後，就像抓住了圓環的中心一樣，可以應付無窮的變化了。事實上，如何應付“無窮的變化”呢？莊子沒有說明，亦沒有提供一個固定的方法，以免流於執着。那末，莊子認為用來消除是非對立的“道”，豈不僅僅是個空託的概念嗎？由於他批評各家所見乃“小成”，而未及認識“道”的全貌，可知他的“道”為“整全”的概念。不過，他亦只是以概念上的“整全”來批判或否定各家的所成罷了！

美的觀照

我們進一步考察，可以看出莊子將老子所提出的“道”，由本體的系統轉化而為價值的原理，而後落實到生活的層面上，以顯示出它所表現的高超的精神。

首先，我們應知道莊子的“道”，並非陳述事理的語言，乃是表達心靈境界的語言。由這語言的性質，我們可進一步地了解，他的“道”若從文學或美學的觀點去體認，則更能捕捉到它的真義。莊子說過：道是“有情有信”，“可傳而不可受，可得而不可見”的。“情”、“信”、“傳”、“得”乃屬感受之內的事，感受是一種情意的活動，而這情意的活動，為莊子提升到一種美的觀照的領域。

從某個角度看來，莊子的道並非玄之又玄而不可理喻的。莊子雖然有形而上學的衝動，但遠比老子要淡漠，並且處處為下界留餘地。如果將“道”落實到真實世界時，它便是表現在生活上的一種高超技術。如“庖丁解牛”，庖丁動作的乾脆利落，文惠君見了也不禁脫口讚歎：“嘻！善哉！技蓋至此乎？”庖丁回答說：“臣之所好者道也，進乎技矣！”宰牛原是一件極費力而吃重的工作，常人做來不免咬牙切齒，聲色俱厲，可是技術已登峯造極，達到道的境界的庖丁，執刀在手卻神采奕然，每一動作莫不合乎音樂的節拍，看來如入畫中。

這樣神乎其技的事例很多，如《達生》中的一則：

仲尼適楚，出於林中，見佝僂承蜩，猶掇之也。

仲尼曰：“子巧乎！有道邪？”

曰：“我有道也。五六月累丸二而不墜，則失者錙銖；累三而不墜，則失者十一；累五而不墜，猶掇之也。吾處身也，若橛株拘；吾執臂也，若槁木之枝；雖天地之大，萬物之多，而唯蜩翼之知。吾不反不側，不以萬物易蜩之翼，何為而不得！”

孔子顧謂弟子曰：“用志不分，乃凝於神，其佝僂之謂乎！”

在《知北遊》上，又出現同一性質的故事：

大馬之捶鉤者，年八十矣，而不失豪芒。大馬曰：“子巧與？有道與？”

曰：“臣有守也。臣之年二十而好捶鉤，於物無視也，非鉤無察也。是用之者，假不用者也以長得其用，而況乎無不用者乎！物孰不資焉！”

上面這些故事，無非說明當技術臻於圓熟洗練的程度，內心達到聚精會神的境地時，就是莊子所說的“道”了。

由此可知，道非一蹴而就，亦非可以驟然肯定的，而是透過經驗或體驗的歷程所達到的一種境域。

道既非高不可攀，當然可由學而致。於是莊子告訴我們，道是有方法可循的，得道的方法便是《齊物論》內所說的“隱機”、《人間世》所說的“心齋”和《大宗師》所說的"坐忘"。所謂"隱機"、"心齋"、"坐忘"等功夫，雖然說得玄妙了一些，常人不易體會，但是想來也不外是着重內在心境的凝聚蓄養。

上面兩則神技的故事，說明一個技巧圓熟、精練的人，內心必然已達到"用志不分"的"凝神"境地，而且胸有成竹、悠然自在。表現在行動上，就顯得無比的優美，舉手投足之間，莫不構成一幅美妙的畫面。如此，要呈現莊子"道"的境界，便是藝術形象的表現了。

再從另一個角度來看，也可見出莊子的"道"，乃是對普遍萬物所呈現着的一種美的觀照。這在著名的"東郭子問道"上顯現出來。

東郭子問於莊子曰："所謂道，惡乎在？"

莊子曰："無所不在。"

東郭子曰："期而後可？"

莊子曰："在螻蟻。"

曰："何其下邪？"

曰："在稊稗。"

曰："何其愈下邪？"

曰："在瓦甓。"

曰："何其愈甚邪？"

曰："在屎溺。"

東郭子不應。……　　（《知北遊》）

被人視為神聖無比的道，竟然充斥於屎溺之間，無怪乎東郭子氣得連半句話也不回。事實上，我們應了解莊子乃是站在宇宙美的立場來觀看萬物——從動物、植物、礦物而至於廢物，即連常人視為多麼卑陋的東西，莊子卻都能予以美化而灌注以無限的生機。

由這裏，我們進一步發現到莊子的精神便是道遍及萬物：不自我封閉，也不自我人類中心，這種遍及萬物的精神，正是高度的人"道"主義的表現，也是"同一"精神的發揮。

十一、對待與同一

莊子"同一"的觀念，乃是由"對待"的觀念所引發的。所以在談同一的觀念以前，先介紹莊子對待的看法。

莊子發現世俗世界中，無論是非、大小、貧富、窮達等等觀念，都是在特定時空下的相對差別，這些相對的差別只有相對的價值。在《齊物論》中，莊子便有所說明。例如他說是非完全是相對的：

世界上的事物，沒有不因對待而形成的，有"彼"就有"此"，有"此"就有"彼"。從"那方面"(彼)去看，就看不到"這方面"(此)，反身自比，就能了解清楚。“彼”是出於“此”，“此”是出於“彼”，“彼”和“此”是相對而生的；任何東西有“起”就相對而有“滅”，有“滅”就相對而有“起”；有“可”就同時相對產生“不可”，有“不可”同時就相對產生“可”。於是有因而認為是的，就有因而認為非的；有因而認為非的，就又有因而認為是的。

在《秋水》中，莊子更加詳盡地發揮了這觀點，認為貴賤、差別、功能、意趣……都不是絕對的，都是變幻無常的。

從萬物本身來看，萬物都自以為貴而互相賤視；從流俗來看，貴賤都由外來而不在自己。從等差上來看，順着萬物大的一面而認為它是大的，那就沒有一物不是大的了；順着萬物小的一面而認為它是小的，那就沒有一物不是小的了；明白了天地如同一粒小米的道理。明白了毫毛如同一座丘山的道理，就可以看出萬物等差的數量了。從功用上來看，順着萬物有的一面而認為它是有的，那就沒有一物不是有的了；順着萬物所沒有的一面而認為它是沒有的，那就沒有一物不是沒有的了；知道東方和西方的互相對立而不可以缺少任何一個方向，那末就可以確定萬物的功用和分量了。從趣向看來，順着萬物對的一面而認為它是對的，那就沒有一物不是對的了；順着萬物錯的一面而認為它是錯的，那就沒有一物不是錯的了；知道了堯和桀的自以為是而互相菲薄，那末就可以看出萬物的趣向和操守了。

從前堯和舜因禪讓而成為帝，燕王噲和燕相子之卻因禪讓而絕滅；商湯和周武因爭奪而成為王，白公勝卻因爭奪而滅絕。由這樣看來，爭奪和禪讓的體制，唐堯和夏桀的行為，那一種可貴可賤是有時間性的，不可以視為固定不變的道理。

棟樑可以用來衝城，但不可以用來塞小洞，這是說器用的不同；騏驥驊騮等好馬，一天能跑一千里，但是捉老鼠還不如狸貓，這是說技術的不同；貓頭鷹在夜裏能捉跳蚤，明察秋毫，但是大白天瞪着眼睛看不見丘山，這是說性能的不同。常常有人說："何不只取法對的而拋棄錯的，取法治理的而拋棄變亂的呢？"這是不明白天地的道理和萬物的實情的說法。就像只取法於天而不取法於地，取法於陰而不取法於陽，很明顯是行不通的。然而人們還把這種話說個不停，那不是愚蠢便是故意瞎說了。

帝王的禪讓彼此不同，三代的繼承各有差別。不投合時代，違逆世俗的，就被稱為篡奪的人；投合時代，順應世俗的，就被稱為高義的人。

在莊子看來，現象界裏的東西都是隨着不同的時間、環境，以及主觀的認識而產生不同的價值判斷。因而，世俗世界中的種種價值都是偶然的、無意義的。在這一點上，現象世界的痛處可說被莊子牢牢地抓住了。

這種相對思想推演到最後，就認為一切事物之間的分別是不必要的。於是，莊子由數量差別的觀點，進入萬有性質齊同的觀點。所謂："天地與我並生，萬物與我為一。"

這多少有點詭辯的成分，加上文學的想像力和藝術精神的點化，因而莊子產生了"同一"(Identification) 思想。這同一的思想隱含着幾個重要的意義：

一、破除我執：為了打破唯我獨尊的態度，為了消除自私的成見，莊子提出"喪我"這名詞。"喪我"並不是要消失自我，而是要去掉個人的執着，並以同情的態度認識他人與他物；這意味着：一方面站在他人與他物的立場以照見自己的偏狹，另方面需自我覺悟與內省，再進一步去除自我的偏執。如是才能"道通為'一'，莫若以'明'"。"明"為無所偏執去觀察，"一"即圓融和諧的境界。

二、以無所偏的心境與同情的態度來觀看事物，才不致於偏私固蔽而以自我為中心。

人睡在潮濕的地方，就會患腰痛或半身不遂，泥鰍也會這樣嗎？人爬上高樹就會驚懼不安，猿猴也會這樣嗎？這三種動物到底誰的生活習慣才合標準呢？人吃肉類，麋鹿吃草，蜈蚣喜歡吃小蛇，貓頭鷹和烏鴉卻喜歡吃老鼠，這四種動物，到底誰的口味才合標準呢？猵狙和雌猴作配偶，麋和鹿交合，泥鰍和魚相交。毛嬙和麗姬是世人認為最美的；但是魚見了就要深深地鑽進水底，鳥見了就要飛入高空，麋鹿見了就要奔走不顧；這四種動物究竟哪一種美色才算最高標準呢！　（《齊物論》）

不同類雖然不能相比較，可是這裏卻表明了莊子的“民胞物與”精神。儒家雖亦有這種心懷，然其着眼點仍以人事為主，不如莊子之開豁，能放眼於更廣大的世界。“天無私覆，地無私載”（《大宗師》），在天地之間，也顯示眾生平等。

三、人間世的價值，俱在對待的關係之中，莊子則超越了人間世的對待，而不受其束縛。且將對待關係的封閉系統化而為無窮系統，這便是莊子的特殊精神。惠子的“泛愛萬物，天地一體也”，“其大無外謂之大一，其小無內謂之小一”之說和莊子的說法相契，然而惠子着重數量觀點，而莊子則就萬有性質觀點以成就其無窮系統。

四、莊子的“同一”世界，實為藝術精神所籠罩。莊子透過藝術的心靈，將自我的情意投射於外在世界，以與外物相互交感，產生和諧的同情。

由於同情和諧的心境，所以自我生命以破藩決籬之勢投射出去時，雖籠罩萬物其他生命，然而此精神並不為天下宰，而予天下萬物以充分不羈的精神自由。

終結篇

莊子思想的評價

在一個動盪喧囂的環境中，莊子的思想映射出一片寧靜的光輝。

在那亂哄哄的時代裏，人民都處於倒懸狀態，莊子極欲解除人心的困憊，可是，現實的無望卻使他無法實現心願。由於他既無法使人類在現實世界中安頓自我，又不願像神學家們在逃遁的精神情狀中求自我麻醉，在這種情形下，唯一的路，便是回歸於內在的生活——向內在的人格世界開拓其新境界。莊子所拓展的內在人格世界，乃藝術性及非道德性的（"人格"一詞不含倫理判斷或道德價值）。因而在他的世界中，沒有禁忌，沒有禁地；他揚棄一切傳統的形式化，遺棄一切信仰的執迷。

在現實生活中，無一不是互相牽制，互相攪擾的，莊子則試圖化除現實生活上種種牽制攪擾，以求獲得身心的極大自由。化除的方法之一，即是要虛靜其心——通過高度的反省過程，達到心靈虛靜，能掌握自身的變化，並洞悉外在的變動，而不拘執於某一特殊的機遇或固定的目的。因為外在世界是“無動而不變，無時而不移”的，同時人類本身也受情意的驅使而在萬物變化之流中奔走追逐，不能中止，直至形體耗損殆盡，仍屬空無所持，這真是人生莫大的悲哀。

面對這樣可悲的現象，莊子乃轉而對內作一番自覺的工作，在自覺過程中，了悟感覺世界的幻滅無常，於是認定馳心於外物，對於人類的精神實是莫大的困擾。由是導出莊子哲學之輕視物慾的奔逐，而傾向精神的自由，並求個人心靈的安寧。

莊子對於現象界有深刻尖鋭的洞察力。他是個絕頂聰明的人，把一切都看得太透徹了。如茫茫人海，各人也渾渾噩噩像烏龜似的爬來爬去，忙忙碌碌像耗子似的東奔西竄，然而每個人都不知道自己忙了些甚麼，為得着甚麼。一旦省悟時，便會覺得自己所作所為是如此地莫名其妙……看開了，一切都不過如此罷了，於是你就會不屑於任何事物，任何行動。然而這樣的社羣會產生怎樣的結果呢？如果每個人都像莊子筆下的南郭子綦“隱機而坐”，進入到“荅焉似喪其偶”的境況，那麼個人和社會豈不近於靜止？因而，莊子哲學如何處理及適應這情況，便成為一個嚴重的問題了。尤其是今日的世界——已被納入了一個龐大的動力系統中，緩步或停足都有被拋棄的危險。

然而，我們必須了解莊子絕非不食人間煙火的道行者，也非逃離現實生命的烏托邦理想人。他的見解是基於人類無止境的饜慾與物化的傾向所引發出來的；同時，鑒於個人的獨存性已消失與被吞噬，遂於洞察人類的處境中安排自我的適性生活。沒有這種感受的人，自然無法體會莊子。因而莊子哲學對於讀者來說，能感受多少，他的可接受性就有多少；他的看法是無法得到大眾一致公認的，同樣的一句話，有人會視如智慧之言，有人會以為是無稽之談。事實上，莊子的哲學不是寫給羣眾看的，莊子的說話也不是說給羣眾聽的，他的聲音有如來自高山空谷。

讀莊子書確有登泰山而小天下的感覺。在

他眼底裏，凡夫俗子就如一窩吱吱喳喳、跳跳躍躍的小麻雀，官僚是一羣豬玀，文人學士則有如爭吵不休的猴子。看他書中大鵬小鳥的比喻、河伯海若的對話，以及井底蝦蟆的設喻，你會覺得他簡直是千古一傲人。在人類歷史的時空中，孤鴻遠影，“獨與天地精神往來”。

從莊子哲學的恢宏氣象看來，也確是“前無古人，後無來者”的。他的思想角度，從不拘限於枝枝節節，秋毫之末；但他並不抹殺精細的分析，否則就犯了《秋水》中所說的“自大視細者不明”的毛病。他往往從整體處觀察事理，從各個角度作面面的透視。

從莊子哲學的對境來說，恢宏的氣象乃表現於不以人類為中心（不拘限於人類），不以自我為中心（不拘限於自我），而能推及於廣大的自然界。莊子思想的最高境界是“天地與我並生，萬物與我為一”，這方面表現出民胞物與的胸懷，另方面又呈現着藝術精神的和諧觀。很顯然莊子取消了天地萬物和我——客觀和主體——的對立關係。這種主客一體的宇宙觀，實為中國哲學的一大特點，和西方哲學主客對立的宇宙觀，迥然不同。莊子不僅要打破主客對立的局面，進而達到二而合一的境界，他還要進一步達致物我

(主客) 兩忘境界。在這裏，莊子充分表現出大藝術家的精神。

主客合一的宇宙觀，只是對自然作某種程度的觀賞，而缺乏開發自然界的精神。中國在科學知識與科學技術方面的貧乏，這種宇宙觀實有重大的影響；正如中國民族在文學藝術上的輝煌成就，也是受這種宇宙觀的重大影響。

現在把上述兩種宇宙觀，縮限於人和自然及其關係上來討論。我們先剖解主客對立的宇宙觀，藉此可反襯出另一觀念之特點。

在西方，人在開拓自然的過程中，已有驚人的成就，這是值得驕傲的，也毋須贅言。然而若從另一個觀點來看人和自然的關係，西方則呈現着深沉的危險，尤其是人如何在自然界中安排其地位問題。

西方傳統哲學大抵為二元的傾向——物我完全對立，自然與人事對峙，亦即劃分客體與主體。然而由於西洋哲學重視客體，往往習慣將人類客體化，結果常使人埋藏於物界而喪失其自然的地位 (如希臘宇宙論時期哲學) ；同時也有人急急於求永恒客觀的存在，把自然界看成一個變動流逝的感覺界面加以鄙棄（如柏拉圖）；中世紀則更視自然人為罪人，自然界為罪惡之區，而將價值停滯於高遠飄渺處。

及於近代，西方經驗科學的長足發展產生如下的特殊現象：一、把人類壓縮成物理平面（如物質科學）；二、把人類列入“動物級數”（如達爾文），或從“鼠”輩的試驗解剖中來衡量人類的行為（如行為派心理學）；三、天文學家將亞里士多德至中世紀的有限宇宙開展而為無窮宇宙，人面臨這無窮的新世界，有如滄海一粟，渺小的人類固然可藉知性作用在宇宙中安排自處，但人類的苦悶不安，則於其畏怯與自大的交織下表露無遺。

蓋以有限的自我處於無窮的宇宙中，終究不能掩飾其飄搖無定的悲哀。對外則不知何以自處於宇宙中，對內則淪於自我迷失之境況——心理學家告訴人：人的意識生命是隱藏着的潛意識衝動表現。自我常會顯得分裂不統一，人對自身是個謎，並且發現自己沒有最後的依靠。他被描述為“疏離的人”，或處於疏離的狀態。這種狀態，使人成為陌生人——對自己感到陌生，對宇宙也感到陌生，陌生的自我無法在陌生的宇宙中尋覓其存在的根由。

總之，西方哲學的宇宙觀始終是在一種不協調或割離的情狀中影響於人生觀。同時，傳統西洋哲學家幾乎都在全心全意建造大體系，把所有個體融入抽象的全體之中，因而個體的特殊性便被抽象的全體消解和吞噬。反觀莊子，他一方面肯定大自然的完美性，不如西方哲學總想逃離這一自然界，而構幻另一虛無飄渺的超自然；同時，莊子也肯定人類的尊嚴性，而西方哲學卻以人性為微末。在莊子看來，廣大的自然皆為生命遊行的境域，人類處於自然中，其渺小程度雖如"毫末之在於馬體"(《秋水》)，然其思想光芒則可流佈於蒼穹。

二十世紀的科學知識，將使人類愈為抽離；二十世紀的科學技術，將使人類更為機械化，它們忽略了人的內在生命。在今日急速的動力生活中，人心惶然不安，精神病患者日增，可以為證。

對於這瘋狂的時代，莊子哲學也許有一份清醒的作用，作為調整人心的清涼劑。

商務印書館 讀者回饋咭

請詳細填寫下列各項資料，傳真至2565 1113，以便寄上本館門市優惠券，憑券前往商務印書館本港各大門市購書，可獲折扣優惠。

所購本館出版之書籍：________________________

購書地點：________________ 姓名：________________

通訊地址：________________________

電話：________________ 傳真：________________

電郵：________________________

您是否想透過電郵或傳真收到商務新書資訊？ 1□是 2□否

性別：1□男 2□女

出生年份：______年

學歷： 1□小學或以下 2□中學 3□預科 4□大專 5□研究院

每月家庭總收入：1□HK$6,000以下 2□HK$6,000-9,999
3□HK$10,000-14,999 4□HK$15,000-24,999
5□HK$25,000-34,999 6□HK$35,000或以上

子女人數（只適用於有子女人士） 1□1-2個 2□3-4個 3□5個以上

子女年齡（可多於一個選擇） 1□12歲以下 2□12-17歲 3□18歲以上

職業： 1□僱主 2□經理級 3□專業人士 4□白領 5□藍領 6□教師 7□學生
8□主婦 9□其他

最多前往的書店：________________________

每月往書店次數：1□1次或以下 2□2-4次 3□5-7次 4□8次或以上

每月購書量：1□1本或以下 2□2-4本 3□5-7本 2□8本或以上

每月購書消費：1□HK$50以下 2□HK$50-199 3□HK$200-499 4□HK$500-999
5□HK$1,000或以上

您從哪裏得知本書：1□書店 2□報章或雜誌廣告 3□電台 4□電視 5□書評/書介
6□親友介紹 7□商務文化網站 8□其他（請註明：________________）

您對本書內容的意見：________________________

____

您有否進行過網上購書？ 1□有 2□否

您有否瀏覽過商務出版網（網址：http://www.commercialpress.com.hk）？1□有 2□否

您希望本公司能加強出版的書籍：1□辭書 2□外語書籍 3□文學/語言 4□歷史文化
5□自然科學 6□社會科學 7□醫學衛生 8□財經書籍 9□管理書籍
10□兒童書籍 11□流行書 12□其他（請註明：________________）

根據個人資料「私隱」條例，讀者有權查閱及更改其個人資料。讀者如須查閱或更改其個人資料，請來函本館，信封上請註明「讀者回饋咭-更改個人資料」

請貼
郵票

香港筲箕灣
耀興道3號
東滙廣場8樓
商務印書館（香港）有限公司
顧客服務部收